KB234110

좌파당의 길

– 진보정치로부터 좌파정치로의 전환

좌파당의 길

– 진보정치로부터 좌파정치로의 전환

금민 지음

박종철출판사

차례

1. 들어가는 말

이 글은 현재 시점부터 2014년 말까지 한국에서 좌파당을 건설하고 그 당을 반석 위에 세울 때의 과제, 전략, 경로에 관한 글이다. 좌파당은 당대에 관한 고유한 인식 위에 건설된다. 그 인식이란, 이 시대가 자본주의 위기의 시대, 더욱이 위기가 극적으로 표출되는 신자유주의 종식기라는 것이다. 좌파당은 신자유주의 종식을 중장기 과제이자 당면 과제로 삼는 당이다. 좌파당은 신자유주의가 생산한 '위험한 계급'인 불안정노동자(Precariats)를 정치적 주체로 세우고 이를 통해 노동자계급을 정치적으로 재형성하는 당이며, 신자유주의로 인해 정치적 경제적 사회적으로 배제된 모든 이를 대표하는 당이다. 신자유주의 불황기의 정치세력으로서, 나아가 신자유주의 종식의 과제를 수행할 정치세력으로서, 좌파당은 기획과 주체의 양 측면에서 신자유주의 호황기의 진보정당과 구별된다. 좌파당은 신자유주의 종식의 기획을 추진하며, 이를 위한 정치적 주체를 새로이 형성한다.

이 글에서 좌파 또는 좌파당의 개념이 사용될 때, 그것은 진보 진영 내의 분파로서의 좌파 또는 좌파당을 의미하지 않는다. 좌파는 새로 규정되어야 한다. 1987년 체제의 성립기에 민주파는 다수파이고 진보파는 소수파에 불과했다. 2008년 이전 신자유주의 호황기에 진보파는 정당 체제 내부로 진출했으나 소수파라는 처지가 바뀌지는 않았다. 이 시기에 좌파는 노동정치와 정당정치 내부의 소수파, 결국 소수파의 소수파를 의미했을 뿐이다. 그런데 이 글이 사용하는 좌파라는 개념은 이와 같은 진보 진영 내부의 좌우 구분, 소위 NL과 PD의 대당을 넘어서는 개념이다. 임박한 시대적 이행의 관점에서 좌파는 신자유주의 시대의 종결자이자 새로운 시대의 개막자로 규정되어야 한다. 좌파는 더 이상 지속 불가능한 신자유주의 체제를 지금 당장 종식시키고 그 너머로 나아가자는 다양한 경향들에 대한 총괄 규정이다. 이와 마찬가지로 이 글은 좌파당을 신자유주의 종식기라는 시대 규정과의 밀접한 연관 속에서 당대적인 변혁 기획을 추진하는 대안정당의 개념으로 사용한다. 이 글의 핵심적인 주장은 진보정당으로부터 좌파당으로의 전환을 통해 신자유주의 종식기의 소명에 적극적으로 부응하자는 것이다. 종식기의 과제와 주체 형성 전략을 밝히는 가운데, 좌파당이 호황기 진보정치로부터 단절할 것과 계승할 것이 각각 무엇인지가 좀 더 분명해질 것이다.

2. 위기의 시대

정치의 출발점은 시대 인식이다. 시대 규정 없이는 과제를 설정할 수도 없고 기획이나 전략을 수립할 수도 없다. 정치 주체의 형성과 조직화도 당면한 시대를 정확히 규정할 때 비로소 가능하다. 이 글 '좌파당의 길'은 이 시대를 자본주의 위기의 시대, 신자유주의 종식기로 규정한다. 1990년대 신자유주의 호황기라면 이와 같은 단정은 극좌파의 폐쇄적인 담론 장에서나 등장할 상투적인 정치 수사학으로 치부되었으리라. 하지만 2008년 금융 위기 이래로 좌우를 막론하고 누구도 위기의 시대임을 부정하지는 못한다. 물론 자본주의가 도대체 위기 아닌 적이 과연 있었냐는 반문을 받을 수도 있겠다. 하지만 여기서 말하는 위기는 동어반복일 뿐인 좌파 경제학의 '일반적 위기'도 아니며 자본주의를 불멸의 형이상학적 실체로 만들어 버린 우파 경제학의 '순환적 위기'도 아니다. 이때 위기란 세계화된 금융자본주의, 신자유주의의 구조적 위기이고, 이를 통해 발현되는 자본주의 그 자체의 위기이며, 자본의 운동에 본성적으로 내재한 위기가 아니라 특정 국면 속에서 파국을 야기할 만큼 표출적인 위기, 진행 방향에서도 역동적인 위기다.

    2008년 미국발 금융 위기는 전 세계적인 규모에서 유동성을 시중에 풀었음에도 불구하고, 곧 양적 완화에도 불구하고 해소되지 않았다. 금융회사들의 악성 채무는 공공 부채로 이전되었을 뿐이고, 은행 위기가 재정 위기로 형태를 달리하게 되었을 따름이다. 진행 중인 그리스 위기는 재정 위기가 몰고 올 격렬한 사회 갈등의 징후를 드러낸다. 아울러 스페인, 이탈리아로 이어지는 은행권 위기는 재정 위기로의 전이에도 불구하고 위기의 원인이 제거되지 않았다는 점을 여실히 드러낸다. 신자유주의 유럽을 고수하려 할 때 유로존 위기의 해법은 없다. 2008년 위기에 대한 대응의 결과로 미국을 비롯한 주요 선진국이 공통적으로 겪고 있는 재정 위기는 공공 서비스의 축소를 가져왔고 전 세계적인 실물경제 침체를 심화시켰다. 1930년대 방식의 위기 극복은 중국에서나 가능할 뿐이다. 하지만 어마어마한 사회간접자본, 고정자본 투자, 신규 주택 건설은 경제의 극적 붕괴를 막았을 뿐 거품경제와 과잉생산 위기를 초래했고, 2010년에 중국은 결국 긴축정책으로 돌아섰다. 전 세계적인 긴축정책은 세계적 규모에서 부채를 감소시키는 일, 이른바 디레버리지(deleverage)를 야기했고, 스태그플레이션 조짐으로 이어졌다. 비록 중국이 유로존 위기의 파급력을 선제적으로 차단하고자 2011년 12월과 2012년 6월 9일에 기준 금리를 각각 0.25% 인하하였지만, 그

효과는 미국의 양적 완화가 그러했던 것처럼 세계경제 전체의 활력을 되살리기에는 미미할 것이다. 시장의 축소와 생산의 위축은 이미 전 세계적 경향이 되었다. 이대로라면 자본주의 세계경제가 1970년대의 장기 침체를 능가할 공황, 1930년대 대공황 이래로 가장 심각한 위기에 봉착했다고 말해도 결코 과장이 아니다. 2008년 이후 경제 위기의 진행상은 이제 1980년대 이래로의 신자유주의 세계경제의 커다란 질적 변화가 불가피한 국면에 도달했으며 그러한 변화의 지연이란 훨씬 길고 긴 장기 침체기의 도래를 의미할 뿐인 임계점에 도달했다.

이 시대는 자본주의 위기의 시대이며, 그 종결점에서는 적어도 지금까지의 신자유주의가 더 이상 지속 불가능한 국면에 도달할 공황기이다. 지금 우리는 현재의 행동이 미래의 운명을 결정할 국면에 도달했다. 이와 같은 순간에서의 선택은 역사적 선택이고, 이와 같은 선택을 통해 정치적 진영은 역사적 진영으로서 정립되고 상호 준별된다. 그런데 현재 조성된 국면에서는 사실상 세 가지의 선택이 있을 뿐이다.

하나는 종래의 신자유주의를 변형하여 유지하면서 호황 국면으로 넘어가는 선택이다. 이는 2008년 이후 지금까지 강요되고 있는 선택이라 하겠다. 하지만 경기 부양책이든 양적 확대든 위기 극복에 실상 별 효과가 없었다. 재정 위기와 긴

축의 악순환이 되풀이되었을 뿐이다. 그래서 금융자본 중심의 신자유주의의 틀 안에서의 위기 극복이란 애초에 불가능한 시도이다. 신자유주의를 변형하려는 전략이 실패할 때 종래의 신자유주의의 노골적인 강화로 선회할 수 있다. 예컨대 대륙 유럽처럼 비록 사회국가의 지붕은 날아갔지만 주춧돌은 남아 있는 지역이라면, 사유화할 공공 부문이 잔존하며, 축소할 여지가 있는 일정 규모의 복지 재정도 있다. 사유화와 복지 축소가 격렬한 사회적 저항을 유발한 그리스의 예를 볼 때 전 유럽적인 규모에서 수탈 경제의 재가동은 사회적 전란을 각오해야 할 일임에도, 머지않아 수탈 경제의 강화 이외에 신자유주의의 틀 안에서의 해결 방법은 아예 남지 않은 노골적인 순간이 도래할 것이다.

둘째는 1950~60년대 자본주의 황금기의 케인스주의로 돌아가는 선택이다. 하지만 이러한 복고 운동은 주요 국가의 재정 위기를 감안할 때 실현 가능성이 별로 없어 보인다. 균형재정을 위해서는 증세가 필요하다. 그런데 이제 더 이상 경제의 꼬리가 아니라 몸통이 되어 버린 금융자본의 이윤율은 1930년대 공황 수준으로 떨어졌다. 이럴 때 이윤이나 자본소득에 대한 과세는 세수 증대 효과가 미미하다. 또한 금융자산 등에 과세한다면, 이는 간접적인 방식의 사회화를 의미하게 된다. 과연 자본가계급이 여기에 동의하여 전후의 케인스주의로 돌아가는 사회적 협약이 가능할까? 사회적 협약은 또 다른 점에서도 난관에 부딪친다. 1950~60년대 자본주의 황금기에 유럽에서 산별 체계 등으로 조직된 정규직노동자는 사회적 대타협의 당사자이고 질서 요소였다. 하지만 신자유주의가 30년 이상 경과한 오늘날 노동자계급은 분할되고 불안정화되었다. '위험한 계급'인 불안정노동자의 등장은 과거의 방식, 곧 주주나 채권자만이 아니라 노동자도 참여하여 기업 경영의 방향을 정하는 이른바 이해당사자 자본주의 (stakeholder capitalism) 방식으로는 사회적 대타협도 이뤄지기 어렵다는 점을 보여 준다. 더 나아가서, 자본주의경제는 생태 위기의 임계점과 시장의 한계에 도달했다. 불안정노동자를 정규직노동자로 전환할 정도의 생산 확대를 도저히 감당할 수 없게 된 것이다.

그렇다면 세 번째 선택은 무엇인가? 더 큰 파국으로 나아갈 신자유주의의 온존도 아니며 실현 불가능한 케인스주의로의 복귀도 아닌 세 번째 선택은 무엇인가? 현실적 위기의 전개 양상과 대중 주체의 조건에 입각한다면, 그것은 자본주의 종식과 같은 추상적인 목표가 아니라 현재의 조건으로부터 출발하는 매우 구체적인 목표이어야 한다. 그것은 연동된 두 개의 과제, 즉 금융자본주의의 종식이라는 과제와 불안정 노동의 확대를 초래한 신자유주의 노동사회의 극복이라는 과제를 통하여 현존하는 경제사회의 질적 변화를 꾀하고 민주주의의 사회경제적 토대를 완성하는 일이다. 자본주의의 극복 역시 이와 같은 과제의 완수 속에서만 가능하며 이 과제와 분리될 수 없다.

우선 1%를 위한 성장, 고용 없는 성장을 낳는 금융수탈 체제를 종식시켜야 한다. 과세, 규제, 사회화를 통해 금융자본주의를 넘어서는 이행의 경로를 열어야 한다. 금융거래세나 자본이득세뿐만 아니라 실물에 투자되지 않은 거대 금융자본에 보유세를 부과하고 부동산 투기가 다시 등장할 수 없도록 토지보유세를 도입한다. 파생금융상품 거래를 규제하고 장외 거래를 금지한다. 국가재정을 통해 은행 등 금융회사를 사회화한다. 이러한 과세, 규제, 사회화의 반(反)수탈 트로이 카를 적절히 구사함으로써 금융자본주의를 종식시켜야 한다. 금융자본에 대한 역수탈과 사회화로 새로운 사회를 위한 이행 기금을 조성한다. 이행 기금은 한편으로는 거대 생산 기업에 대한 지배와 통제의 강화에 쓰이고 다른 한편으로는 신자유주의 특유의 불안정 노동사회의 종식을 위해 사용한다. 거대 생산 기업에 대한 지배를 통해 발생한 이윤은 다시금 불안정 노동사회 종식을 위해 사용한다. 노동 여부와 상관없이 지급되는 기본소득을 도입하여 노동시간 단축이 실질소득의 감소나 생활수준의 하락 없이 이뤄질 수 있도록 한다. 모두가 훨씬 더 적은 시간을 일하고, 원한다면 안정적인 일자리를 얻으며, 함께 잘 사는 사회, 생태 위기를 초래할 질료적 생산의 무한 확대 없이도 사회적 필요와 유용성의 생산이 확대됨으로써 모두가 함께 사는 사회로 이행하기 위한 비용은 현재의 위기를 초래한 자본이 지불한다. 금융자본주의의 종식을 목표로 하는 이행 과정에서 거대 생산 기업의 소유지배관계의 변화, 생산과정과 노동시간에 대한 노동자의 결정권이 확보되는 변화가 가능하며, 이와 같은 변화의 전체 과정을 통해 민주주의의 사회경제적 토대, 실질적 기초가 확립될 것이다.

두 번째 선택과 비교할 때 세 번째 선택은 신자유주의 종식이라는 방향이 확실하고 목표로 하는 변화의 폭이 전면적이다. 그런데 바로 이 지점에서 세 번째 선택이야말로 두 번째 선택보다 훨씬 더 실현 가능성이 없지 않은가라는 질문이 나올 수 있다. 이러한 질문은 자본의 노골적인 계급투쟁이 승승장구해 온 신자유주의 시대에 형성된 객관적인 힘의 관계를 반영한다. 그런데 이에 대한 대답 역시 바로 신자유주의가 창출한 사회적 조건 속에서 찾아야만 할 것이다. 답은 자명하다. 두 번째 선택에서 사회적 협약의 한계가 될 수 있는 불안정노동자와 신자유주의의 광범위한 피해자 대중이 바로 그 답이다. 그들은 정치적 다수이고 다수 의지의 관철은 민주주의에서 원래 가능한 일이다. 이는 금융자본주의와 불안정 노동사회의 종식을 위한 운동이 민주주의의 확장과 맞물려 있을 것임을 암시한다. 물론 비정규직과 임시직으로 대표되는 불안정노동자, 금융 피해자, 영세자영업자, 청년실업자를 정규직노동자와 더불어 하나의 정치적 계급으로 묶는 일은 쉽지 않다. 아니 그것보다도 우선 비정규불안정노동자와 잠재적 실업 상태의 청년 세대를 정치적 주체로 세우는 일조차 버거운 과제이다. 하지만 그것은 모두 정치적 능력의 문제일 뿐이다. 세 번째 선택이야말로 새로운 다수를 형성하여 문명적 파국을 막는 선택이며 유일하게 실현 가능한 위기 극복 전략이다.

첫 번째 선택은 강제된 선택이다. 주요 국가의 집권당들은 30년간 지속된 신자유주의로부터의 질적 변화를 선택하지 않았다. 두 번째 선택은 익숙한 선택이다. 최대 75% 부자 증세와 성장 정책을 내건 프랑스 사회당 올랑드의 대통령 당선과 총선 승리는 향후 정국에서 1950~60년대로의 복귀 운동이 어떠한 파장을 그려낼지 보여 주게 될 것이다. 두 번째 선택은 좌초 후의 성찰을 통해, 또는 일정한 성과 속에 분명하게 노정되는 한계 속에서 세 번째 선택으로의 길을 예비하고 있을지 모른다. 세 번째 선택을 명확하게 한 정치세력으로 집권의 문턱까지 간 경우는 그리스의 급진좌파연합(Syriza)이 있을 뿐이다. 급진좌파연합은 채무지불유예(moratorium), 유럽중앙은행 개혁, 금융 사회화와 거대 기업 통제, 부유세와 고율의 금융 과세, 기본소득(최저보장소득 guaranteed minimum income)과 복지국가, 정리해고 및 노동시장 탈규제 정책의 축소 및 폐기, 직접민주주의 확대, 사회적 필요와 생태친화적 성장 원칙에 입각한 경제 모델 등을 공약으로 내세워서 지난 6월 17일 총선에서 27%를 득표했다. 하지만 그리스 급진좌파연합은 제2당에 그쳤고 세 번째 선택의 실현은 유예되었다. 국민국가적 정당 체제 안에서 집권당이 신자유주의적 현재의 고수도 케인스주의로의 회귀도 아닌 또 다른 미래를 선택한 경우는 아직 없다. 하지만 사회운동의 흐름 속에서는 2011년 9월의 월스트리트 점령 운동과 그리스 폭동 이후로, 세 번째 선택이 현재의 위기와 파국 이후에 대한 또 하나의 분명한 대안으로 대두되고 있다. 이 흐름 속에는 지난 30년간 신자유주의 세계화에 대한 다양한 저항 운동들이 교차하고 합류한다.

우리 시대는 신자유주의 종식으로 귀결될 자본주의 위기의 시대이며, 위기의 시대는 좌파를 부른다. 이야말로 이 글 '좌파당의 길'이 전제하고 있는 시대 인식이다. 여기에 동의하지 않는다면 그것은 별도의 문제이다. 위에서 말한 역사적 진영을 형성하게 될 세 가지 선택의 현실성과 고유한 난점에 대한 분석에 동의하지 않는다 해도 그것 역시 또 다른 문제이다. 그와 같은 이의 제기는 정치에 전제된 근본이론적인 문제이지만 이 글의 목표인 실천적 제언을 다루기 이전에 별도로 논해야 할 문제이다. 신자유주의 종식기라는 시대 규정은 실천을 전개하기 위한 시대 규정, 곧 정치적 시대 규정이기 때문이다. 그래서 '좌파당의 길'을 전개함에 있어서 먼저 다루어야 할 중요 사항은 조금 다른 성격을 지닌다. 그것은 세계경제의 보편적 수준에서의 위기 진단과 구체적인 국민국가인 한국에서의 전개 양상의 차이, 1987년 이후 한국 정치에 특유한 지연(遲延), 정체, 퇴행의 문제에 걸쳐 있다. 설령 세계적 수준의 위기라 한들 이 위기가 좌파를 부른다는 주장은 적어도 한국의 정치적 구체성 속에서는 과장된 주장이 아니냐는 항의! 거슬러 올라가면 30년 전부터 이미 잘 알려진 항의, 매우 전형적인 이 항의를 다루지 않고서 보편적 위기의 시대 규정으로부터 곧장 좌파를 호명하는 일은 섣부른 급진주의로 치부될 공산이 크다.

3. 한국 좌파 — 형세와 조건

2012년 한국 정치에서는 유로존 위기도 전 세계적인 긴축과 소비 위축도 먼 나라 이야기다. 2008년 미국발 금융 위기 이후 자본주의 세계경제가 1970년대의 장기 침체를 능가하는 위기에 봉착했음에도 여야 정치인들은 너 나 할 것 없이 성장을 약속한다. 그런데 정작 한국처럼 대외 경제 의존도가 높은 경제는 세계경제 위기 속에서 성장이 매우 불투명하다는 사실에 대해서는 침묵한다. 무턱대고 허리 졸라매고 뛰어 보자는 꼴이다. 물론 세 차례 신자유주의 정부를 거치면서 허리 졸라매자는 말이 통할 리 없다. 고용 없는 성장과 양극화 시대를 거치면서 안정적인 일자리와 복지에 대한 대중의 요구와 관심은 부쩍 높아졌다. 최고의 복지는 일자리라는 미명 아래 복지를 뒷전으로 미뤘던 이명박 식 성장론이 먹혀들 여지는 줄어들었다. 정리해고와 비정규불안정노동자의 사회, 가계 부채가 1106조에 달하도록 금융수탈과 서민 경제 파탄이 진행된 사회에서 대중은 성장과 일자리, 성장과 복지가 별 상관관계가 없음을 알고 있다. 여기에 신자유주의를 극단까지 밀고 나간 이명박 정부에 대한 민심 이반은 여야를 막론하고 고용과 복지의 문제에 일정한 해결책을 내놓을 것을 강제한다. 보수정치인들도 좀 더 세련된 성장론으로 치장해야 할 국면이다. 복지 프레임에 관해서 박근혜는 2010년 지방선거 이후부터 일정한 변화를 꾀했다. 새누리당이 경제민주화와 재벌 개혁에 관해 논의하기 시작했다는 것도 마찬가지 맥락에서 이해할 수 있다. 중소기업이 대부분의 고용을 담당하지만 재벌 대기업 중심으로 돌아가는 경제구조에 대한 개혁은 더 이상 야당의 전유물이 아니게 되었다.

여야의 차별성은 의제 설정의 방향성이 아니라 폭과 속도에 관한 차이에 불과하게 될 것이다. 민주통합당 꽁무니나 쫓아다니기에 바쁜 통합진보당도 큰 차별성이 없기는 마찬가지다. 여야가 전선을 긋고 차별화하기 위해서는 무엇인가 다른 것이 필요하다. 이럴 때 대중정치 전선은 과거 지향적이 되고 신자유주의 1997년 체제의 문제는 주변화된다. 1970년대 침체기를 넘어서는 위기, 1930년대 대공황 이래로 가장 심각한 세계경제 위기의 파고가 몰려올 때 신자유주의 종식은 당연히 정치의 중심일 수밖에 없음에도, 1953년 정전협정 체제의 잔재와 1987년 체제의 미완성적 성격이 2012년 정치 전선을 집어삼킬 수도 있다. 최근의 종북 논쟁과 전두환의 육사 사열로 불거진 일련의 정통성 논쟁에서 이러한 가능성이 충분히 엿보인다. 사회경제적 전선이 정치 전선으로 외화하는 과정에서는 물론 일정한 비틀림과 엇물림이 있다. 하지만 신자유주의와 금융자본주의의 종식 문제가 대중정치 의제에서 이처럼 철저히 밀려나 버린 경우는 매우 이례적이다. 한국은 세계경제 위기와 무관한 무풍지대라는 말인가?

설령 중국이 방파제 역할을 한들 한국처럼 대외 경제 의존도가 높은 사회가 세계적 위기에서 예외일 수는 없다. 위기의 표면화는 시차의 문제일 뿐이다. 게다가 한국은 신자유주의의 극단을 보여 주는 사회이기도 하다. 4대강 토건 부양책을 펼친 이명박 정부에 의해 재정 건전성은 상당히 악화되었다. 가계 부채도 1106조에 이를 정도로 금융수탈이 극에 달했고, 최근의 저축은행 사태에서 알 수 있듯이 금융기관 부실화도 진행되었다. 국가재정, 가계, 금융권이 모두 파국을 모면하고 있을 뿐 별로 시원치 않다. 그런가 하면 2011년 한국거래소의 파생금융상품 거래 규모는 전 세계 거래의 27%를 차지하며 3년째 세계 1위의 거래량을 자랑하고 있다. 노동사회의 구성에서도 한국은 정리해고로 정규직 일자리가 끊임없이 줄어들고 비정규직 비중이 압도적이 된 전형적인 불안정 노동사회이다. 세계경제 위기의 파고를 피할 수 없도록 만드는 지나친 대외 경제 의존성이 위기에 대한 근본적 취약성이라면, 신자유주의 위기의 구조가 이미 철저하게 내부화되어 있다는 점은 위기의 표출이 폭발적일 것임을 예고한다. 이러한 사태는 앞에서 서술한 세 번째 선택이 한국 사회에도 충분히 현실적인 선택으로 등장할 수 있음을 뜻한다.

물론 한국 사회에는 자본주의 주요 국가들과 비교할 때 일정한 특수성이 있다. 우선 서구에서는 복지 체계가 사회민주주의와 산별노조의 영향력 아래 1950~60년대에 수립된 반면에, 한국에서는 신자유주의를 도입한 김대중, 노무현 정부에 의하여 잔여적 복지의 형태로 도입되었다. 역설적이게도 한국에서 신자유주의와 복지는 쌍생아로 등장했다. 아직도 경제협력개발기구(OECD) 평균에 한참 못 미치는 조세부담률을 감안한다면 증세를 통한 균형재정과 복지 확대는 부분적으로는 언제든지 가능하다. 이는 한국판 신케인스주의의 등장을 점칠 수 있는 조건이 된다. 세계경제 위기의 첨예화가 시차를 두고 전개될 것이라는 가정 아래 민주통합당이나 통합진보당은 신케인스주의의 여러 변형을 선택할 수 있다. 반면에 신자유주의 수탈 경제의 강화를 통한 위기 대응의 여지는 이명박 정부를 경과하면서 전기, 가스, 물의 사영화와 의료의 전면적 영리화 등을 제외하면 별로 남은 것이 없게 된 실정이다. 새누리당과 박근혜가 복지와 경제민주화로 선회한 것은 이명박 정부 시기의 민생 파탄뿐만 아니라 신자유주의 강화를 통한 위기 대응책이 소진되었다는 사정과도 닿아 있다. 다가오는 대선에서는 서민 경제의 동반 성장이 공통적인 공약이 될 것이며, 새누리당과 야권연대의 대결은 1953년 체제의 잔재를 활용하려는 권위주의적 신케인스주의와 1987년 민주화 체제의 유산에 편승하는 시민적 신케인스주의의 대결이 될 공산이 크다. 이 과정에서, 1953년 체제의 잔재, 한반도와 동북아 문제, 미완성적일 뿐만 아니라 그 자체로 한계를 가지고 있는 1987년 체제의 문제 등이 다층적으로 복잡하게 얽혀들어 정작 당대 정치가 다뤄야 할 본령인 1997년 체제 종식의 과제는 뒷전에 밀릴 공산이 크다.

1997년 체제를 손질하고 폐해를 보정하는 방식으로 현 시기를 넘기려 한다면 카드가 아직 상당히 남아 있는 것이 사실이다. 하지만 당면 국면을 벗어나서 중장기적으로 시야를 확대한다면, 세계적인 경제 위기 국면에서 복지 확대나 동반성장은 구조적 위기에 대한 해소책이 될 수 없다는 점도 분명해진다. 근본적으로 1997년 이전의 정규직 완전고용 사회로의 복귀는 부분적인 복지 확대나 일자리 정책만으로는 불가능하다. 신케인스주의로는 불안정 노동사회를 종식시킬 수 없다. 이를 통해 설령 금융수탈 체제의 완화는 가능할지 모르나, 세계적 위기의 파고가 심해질 때 한국 자본주의는 쓰지 않은 카드가 더 이상 없는 지극히 평범한 자본주의 중심국의 하나로 위기에 전면적으로 노출될 것이다. 이명박 정부는 신자유주의 세계적 위기에서 신자유주의를 극단화했다. 차기 정부가 개혁을 추진할 때, 그것은 신자유주의 이전으로 복귀하는 것 같지만 그것이야말로 신자유주의 정상상태로의 복귀, 곧 신자유주의 중심 국가에서 통상적인 수준의 조세 및 복지가 확립되는 상태에 지나지 않을 것이다. 신자유주의 세계경제의 위기는 지금도 진행 중이고 한국 경제도 예외일 수 없다.

한국 정치의 중심 의제에서 신자유주의 종식 문제가 사라져 버린 것은 한국 경제만 앞으로도 예외적 호황을 누릴 것이기 때문이 아니라 좌파의 약세 때문이다. 그리스에서는 제2당까지 뛰어오른 좌파가 한국에서는 정당 체제 외부로 밀려나 있다. 그렇다고 제도 정치 외부에 강력한 좌파 사회운동이 형성되어 있는 것도 아니다. 한국에서 좌파는 아직 등장하지도 못했다고 말하는 것이 더 정확한 사태 인식일 것이다. 좌파의 부재는 정치 의제를 협소하게 만들고 대중의 관심을 1997년 이후의 신자유주의 체제의 종식이 아닌 다른 곳으로 현혹한다. 좌파의 부재는 침체와 파국을 동반할 신자유주의 종식기의 험난한 파고 속에서 한국 사회의 앞날을 위태롭게 한다.

이렇게 가다가는 '민주연립정부'의 2013년 체제가 등장해도 파국은 피할 길이 없다. 좌파의 공백이 계속된다면 2013

년 이후 국면에 커다란 후유증을 남길 것이다. 하지만 한국 좌파에게는 결국 역사적인 기회가 올 것이다. 물론 좌파가 준비되지 않은 채 파국이 온다면 기회를 가능성으로 전환시키지 못할 것이다. 하지만 준비를 위한 시간은 넉넉히 주어진 것은 아니나 결코 부족하지는 않다. 이 시간에 준비를 철저히 하기 위해 우선 필요한 것은 한국에서도 신자유주의는 결정적 위기에 빠졌다는 냉철한 판단이고 한국 좌파가 여기에 답해야 한다는 뜨거운 소명 의식이다. 좌파당은 이 위기를 넘어서 새로운 사회로 이행하는 추진력이 되어야 한다.

물론 위기를 직면하지 않으려는 많은 사람들은 한국에서 좌파의 시대적 소명을 부인할 것이다. 여기에 대해 이 글이 더 많은 지면을 할애할 필요는 없을 것 같다. 그런데 또 다른 종류의 질문이 제기될 우려가 있다. 한국의 기성 정당 체제 안에도 통합진보당이라는 좌파당이 엄연히 존재하지 않는가라는 질문이다. 이와 같은 항의는 잘못된 인식에 기초한다. 국민참여당과의 통합, 노동 중심성의 약화, 최근 비례대표 선출 과정에서 수면 위로 떠오른 정파 패권주의 등 만천하에 드러난 문제를 새삼 거론할 필요는 없을 것 같다. 이보다 더 근본적인 수준에서 통합진보당은 철 지난 진보정당, 파탄 난 진보정당이지 좌파당은 전혀 아니다. 한 발 물러서도 이 시대가 필요로 하는 좌파당은 아니다. 무엇보다도 신자유주의 1997년 체제의 종식은 현 시기 통합진보당의 핵심적인 정치적 목표가 아니기 때문이다. 통합진보당은 신자유주의 호황기에나 통용될 수 있었던 민주노동당의 정책을 답습한다. 물론 무상의료와 무상교육으로 대표되는 과거 민주노동당의 복지 정책은 부유세 공약과 함께 진보정치의 대중화에 기여했다. 하지만 자본주의 세계경제 위기의 국면인 2012년의 시점에서 이와 같은 정책만으로 좌파당이라 자임할 수는 없다. 2010년을 기점으로 적어도 보편적 복지라는 지향에서는 민주통합당과의 차별성은 이미 사라졌고, 1992년 백기완선거운동본부 이래로 면면이 이어져 온 독자적 진보정당으로서의 정체성은 야권연대 과정을 통해 오히려 후퇴했다. 그런데 통합진보당이 좌파당이 아닌 이유는 중도 연합 정치라는 조건 때문만이 아니다. 파국이냐 신자유주의 종식이냐의 기로로 진입하는 자본주의 위기의 시대에 통합진보당의 시대 인식은 과거보다 더 낙후했다. 신자유주의 종식은 추상적 선언의 수준에 머물고 있고, 현재의 조건으로부터 금융수탈 체제와 불안정노동이 폐지된 사회로 나아가는 현실적 이행에 대한 기획도 의지도 없다. 복지 확대는 신자유주의 폐해를 보정하는 수준에 맞춰져 있고, 사회화, 규제, 고율의 금융 과세 등 금융자본주의 종식을 위한 수단과 맞물려서 제시되지 않는다. 비정규직 문제에 대한 해법도 차별 금지, 사유 제한, 공공 부문 정규직화, 정부 지원을 통한 단계적인 정규직화 등 민주통합당의 정책 수준을 크게 벗어나지 않으며, 전 사회적 규모에서 불안정 노동사회를 극복할 경로에는 관심이 없다. 이를 정책 연구가 부족한 탓으로 너그럽게 이해해 주는 것은 정확한 진단이 아니다. 시대 인식의 한계가 드러난 것이라 보아야 옳다. 이 한계는 정치 주체의 형성과 정당의 대중적 기반에 표현된다. 통합진보당은 비정규 불안정노동자의 당이 아니다. 통합진보당은 불안정노동으로 내몰리는 청년들의 당이 아니다. 통합진보당은 민주노조운동을 통해 조직된 노동자 일부의 배타적 지지를 받고 있음에도 전망 설정에서 민주통합당과 전혀 구별되지 않는 기만적 국민정당에 불과하다. 통합진보당은 이 시대가 요구하는 좌파당의 적극적 소명과 거리가 먼 정당이다. 2012년에도 통합진보당은 사실상의 양당제를 형성한 야권연대의 일원으로서 1997년 체제의 종식과는 거리가 먼 '민주연립정부' 건설을 목표로 움직일 것이다.

1987년 이후의 독자적 진보정치와 민주노조운동은 1997년 외환위기 이후의 신자유주의에 제대로 대응하지 못한 채 위기에 빠져 들었고 2012년 현재 파탄 지경에 도달했다. 자유주의 정치세력과의 연합을 통해 탄생한 통합진보당은 미래대안에 있어서 민주통합당과의 차별성을 상실했고, 비례

대표 경선에서의 부실과 부정은 통합진보당을 사면초가의 신세로 만들었다. 1987년 체제의 핵심인 절차적 민주주의의 훼손에 비추어 볼 때, 1953년 정전협정 체제의 잔재 위에서 진행된 종북 및 국가관 논란은 민심 이반의 부차적 원인에 불과하다. 4·11 총선 이후 통합진보당 사태는 '진보정치'라는 이름에 먹칠을 했고 진보 대중의 가슴에 돌이킬 수 없는 배신감을 심었다. 통합진보당을 배타적으로 지지했던 민주노총 역시 갈 길을 잃었다. 진보정치와 민주노조운동의 위기를 논할 시점은 이미 지나갔고, 파국 이후 질적인 전환을 통해 새로 출발하는 전략이 모색될 시점이다. 독자적 진보정치의 전통 속에서 이 시대가 요구하는 좌파당이 등장하는 과정에서 통합진보당은 걸림돌로 작용할 것이다.

진보정치의 재구성이 사실상 실패하고 이처럼 참혹한 결과를 낳은 원인은 그다지 복잡하지 않다. 신자유주의 종식기에 대한 인식상의 한계, 호황기이지만 한국처럼 예외적으로 복지 체제가 미비한 사회에서나 대중화할 수 있었던 '복지진보파' 전통의 답습, 1997년 체제의 종식보다 북미 문제를 우위에 두는 민족주의적 사고방식의 돌출, 독자적 대중 기반의 강화보다 연합 정치의 틀만을 중요시하는 구도 의존형 정치 등이 복합적으로 작용하면서 총체적인 낙후성을 만들어냈다. 신자유주의 종식기의 세계정세 속에서는 신자유주의 이후의 대안을 모색하고 실천하는 좌파당이 요청되는바, 그것의 건설은 통합진보당으로 수렴된 경향과의 단절과 극복을 출발점으로 삼고, 기획, 주체, 조직, 정치 방식 등을 일대 혁신할 때 비로소 가능하다.

물론 이와 같은 과제는 녹록치 않다. 무엇보다도 좌파는 한국 사회의 미래를 다투는 사회정치세력으로 결집해 있지 않다. 게다가 통합진보당이나 민주노총의 파탄은 기회이자 위험이다. 그런데 정작 진보정치와 노동자운동의 진정한 위기는 통합진보당이나 민주노총의 파탄이 아닐 수 있다. "낡은 것은 죽어 가는데도 새로운 것은 아직 탄생하지 않았다는 사실 속에 위기가 존재한다. 바로 이 공백 기간이야말로 다양한 병적 징후들이 출현하는 때다."오래 전에 안토니오 그람시가 했던 말이다. 현재 진행 중인 경제 위기가 1930년대의 공황기와 비교할 만하기에 더욱 의미심장한 말일 수 있다. 진정한 위기는 통합진보당이나 민주노총의 문제가 아니라 이를 대체할 책임 있는 좌파 결집의 부재, 즉 좌파당과 좌파노총의 부재에 있을 것이다. 이하에서의 좌파노총이란 좌파당 개념과 마찬가지로, 신자유주의 종식기라는 시대 규정과의 연관 속에서 비정규직불안정노동자를 주체로 세우고 노동자계급을 정치적으로 재형성함으로써 신자유주의 종식을 대중적으로 담보하는 새로운 노동자운동, 새로운 성격과 새로운 형태의 노동조합운동을 가리키는 개념이다.

하지만 위기의 시기는 가능성의 시기이기도 하다. 진보 정치와 노동자운동의 위기는 좌파당과 좌파노총을 호출한다. 통합진보당과 민주노총의 파탄에 직면하여 이와 같은 가능성을 정치에 실현할 수 없다면 한국에서 진보도 좌파도 더 이상 아무런 의미가 없을 것이다.

4. 진보로부터 좌파로의 전환

좌파당 건설의 경로, 과제, 전략에 대해 서술하기 이전에 진보당이 아니라 왜 하필 좌파당인가에 대해 언급할 필요가 있겠다. 통합진보당 사태로 진보의 값어치가 떨어져서도 아니고 민주통합당까지 진보로 칭하는 언론 환경 때문도 아니다. 좌파, 그리고 좌파당은 신자유주의 종식기라는 시대 규정으로부터 요청된다.

진보 개념에는 도달할 목표가 이미 설정되어 있다. 따라서 진보는 시간적 개념이고, 목표를 향해 나아간다는 뜻에서 시계열적 과정의 개념이다. 둘을 놓고 비교할 때도 진보적이라 함은 지금 하려는 일이 사회 발전의 최종 목표에 얼마나 접근해 있는가가 기준이 된다. 보수는 현 상태를 더 많이 고수하려는 경향이고, 진보는 도달해야 할 상태에 더 많이 접근하려는 경향이다. 한국에서 좌파라는 명칭보다 진보라는 명칭이 선호되고 급기야 민주통합당까지 진보로 명명되게 된 것은 이와 같은 진보 개념의 속성 때문이고 압축적으로 발전한 한국 사회의 특수성 때문이다. 한국 사회의 맥락에서 진보는 민주주의와 복지국가라는 목표를 전제한 용어이고, 진보적이라 함은 이 두 과제에서 얼마나 목표에 근접하려는 가가 기준이다. 또한 여기서 목표는 언제나 예컨대 독일식 정당명부제나 재생에너지 중심의 탈핵, 또는 북유럽형 복지국가처럼 선행 발전한 사회의 구체적인 모델이었다. 목표를 자본주의가 종식된 '해방 사회'로 설정하는 것은 한국에서 사용되는 진보 개념의 맥락에 맞지 않는다. 한국에서 진보는 사회주의, 특히 혁명적 사회주의와 구별되는 개념이었다.

   진보가 시간적 개념이라면, 좌파는 지형적 개념이다. 좌파와 우파는 역관계에서 우열의 형세를 이룰 뿐 공통적 목표를 공유하지도 않으며 목표에 대한 근접성으로 구분되지도 않는다. 굳이 공통성을 찾는다 해도, 정치 공동체와 사회의 행복이라는 추상적인 목표에 지나지 않는다. 그 이외에 좌파와 우파는 어떠한 구체적 목표를 공통적으로 갖기 어렵다. 우리 시대가 신자유주의 종식기고 그 이후가 과거에 존재했던 특정한 사회형태로의 복귀가 아니라면, 목표 설정은 그 자체로도 이미 정치적 투쟁의 대상이다. 목표에 대한 접근방식이 점진적인가 급진적인가는 오히려 부차적인 문제가 된다. 우파는 신자유주의의 온존을 목표로 자본가계급의 사회적 자원을 동원한다. 이에 맞서 신자유주의 종식을 목표로 하는 좌파는 신자유주의가 생산한 '위험한 계급'인 불안정노동자를 대중적 힘의 원천으로 삼고 정치적 주체로 세운다. 신자유주의가 종식기에 다다른 지금 이 시점에서 미래는 열려진 미래이다. 시계열적 개념인 진보는 더 이상 준별 기준으로 적절하지 않다. 목표, 기획, 정치투쟁의 주체와 동력 수립을 위한 투쟁이 전 방위적으로 전개되는 시대에는 정치 형세적 역동성이 표현되는 좌파 개념이 적절한 준별성을 부여한다. 사회주의, 생태주의, 코뮨주의와는 달리 좌파는 궁극 목표에 관한 명칭이 아니고 현 상태의 종식에 대한 입장을 강조하는 명칭, 현 상태로부터 대안적 사회로 나아가는 경로와 전략을 부각시키는 명칭, 당대의 과제를 중심에 둔 명칭이다. 택시 타고 '서울로 가자'고 말하는 목적지 설정이 아니라 스스로 운전하는 차를 서울로 안내하는 내비게이션이 좌파이다. 좌파 개념은 힘의 목표가 아니라 미래로 나아가는 힘의 현재성을 유감없이 드러낸다. 이 시대의 정치적 준별점은 진보와 보수가 아니라 좌파와 우파의 준별이다.

진보와 좌파의 차이에 대해 다른 관점에서 생각을 전개해 보자. 진보는 편한 이름이다. 반면 좌파는 불편한 이름이다. 자본주의 호황기에는 특히 그렇다. 다가올 미래에 대한 환상과 기대가 고조된 시대에 진보는 경제성장에 걸맞는 분배와 복지 확충의 요구를 통해 대중화할 수 있다. 2008년 이전에, 그리고 지금도 경제협력개발기구 평균과의 비교가 복지 확충의 논거가 되는 이유도 여기에 있다. 반면에 호황기의 좌파는 비현실적인 몽상가, 혼자만 고귀한 척하는 순결주의자, 대중과 소통할 수 없는 은둔자, 조금만 바꾸면 될 일을 통째로 바꾸자고 난리법석을 부리는 선동꾼 따위의 비난을 받고, 현실의 정치세력이라기보다 종교 집단에 가깝다는 소리를 듣는다. 호황기의 좌파가 이와 같은 평판을 피하기란 매우 어렵다. 좌파를 위한 변론은 현실의 매개와 맥락을 벗어나 자본주의의 근본 문제를 지적하거나 인류 보편의 가치에 호소하면서 겉돌게 된다. 변론은 바이블에 나오는 소금의 비유를 벗어나지 못한다. 좌파는 시대의 식탁을 차리는 요리사도 아니고, 그렇다고 메인 메뉴도 아니며, 더도 덜도 아닌 적당량만 필요한 소금으로 취급받는다. 덜 짜도 버림받지만 너무 짜도 버림받는다. 결국 좌파의 존속은 적당한 소금으로서만 승낙된다. 사실 이러한 시대에 좌파의 소명은 현실의 자본주의에 대한 근본적 대안을 모색하면서도, 차별과 배제가 자행되는 구체적인 전선에 투신하여 대중정치적인 동심원을 유지하는 일이다. 하지만 섬세한 기획력과 대단한 응집력의 확보를 요구하는 이러한 임무는 결코 쉽지 않다. 호황기의 좌파는 이상에 다가가는 현실적 운동이기보다는 근본적인 가치에 중독되기 쉽고, 중독에서 빠져 나올 때는 완강한 현실에 대한 환멸이 기다리고 있다. 결국 대다수의 좌파는 시대착오적인 근본주의와 임박한 위기의 시대를 위한 준비마저 포기하는 투항주의 사이에서 심하게 동요하게 된다.

이러한 시대가 좌파에게는 희귀종으로서의 존속만이 가능한 형세라면, 이때에도 진보는 비록 소수파의 처지를 벗어나지는 못한다 해도 노동과 복지라는 의제를 통해 노동자 서민의 호민관으로서 정치적 영향력을 점차 확대할 수 있다. 신자유주의 호황기에 진보정치는 대항 정치의 주류가 될 수 있다. 2004년 민주노동당의 성공에는 1987년 노동자 대투쟁 이후의 민주노조운동의 성과의 정치적 표현이라는 측면 이외에도, 앞서 말했듯이 무상의료나 무상교육과 같은 복지 이슈의 선점이 크게 작용했다. 물론 민주노동당의 위기는 2008년 이후가 아니라 2004년 원내입성 이후부터 시작되었다고 말할 수 있다. 민주노동당의 위기는 1997년 노동법개정투쟁을 최고점으로 하여 하강 국면을 그려 온 민주노조운동의 쇠락이 시차를 두고 반영된 것이고, 근본적으로는 비정규불안정노동자를 정치적으로 획득하고 조직하지 못했다는 점에서 더 큰 원인을 찾을 수 있다. 하지만 이와 같은 위기의 징후에도 불구하고 노무현 정부 시기는 전체적으로 진보정치의 외형적 성장기라고 보아야 한다. 진보는 원래 민주 대 반민주 구도로 짜여진 1987년 정당 체제의 외부 요소에 불과했지만, 민주노동당의 경우처럼 호황기에 적합한 전략을 유효적절하게 사용함으로써 제3당의 지위를 확보할 수 있었고 1997년 체제 하에서 정당 체제의 내부 요소가 될 수 있었다.

2007년 이전의 선거에서 늘 되풀이되었던 '천하삼분지계'라는 목표는 이러한 형세의 반영이다. 하지만 이명박 정부 들어서서 정치 형세는 바뀌었고 진보정치의 위기는 더 이상 잠재적인 위기가 아니라 눈 앞의 현실이 되었다. 호황기 진보정치의 주요 의제들은 야당이 된 민주당에 의해 전유되어 진보정당의 차별성이 희석되기 시작한다. 외형적 성장에 가려졌지만 김대중, 노무현 정부의 10년간 잠복해 왔던 문제, 즉 비정규불안정노동자에 뿌리를 내리지 못했고 민주노총의 동원에만 의존한 조직화 방식의 한계도 분명하게 드러난다. 물론 일정한 임계점 이전에 적절한 대책이 강구된다면 잠복한 위기는 발현되지 않고 사전에 해소될 수 있다. 그래서 폭발적 발현의 시점, 곧 혁신과 재구성이 불가능해지는 임계점이 중요하다. 이 임계점은 2008년 말 이후라고 볼 수 있다. 진보정치의 진정한 위기는 이 시점부터 돌이킬 수 없게 발현된다. 여기서 2008년 말 이후라 함은 미국발 금융 위기 이후의 침체기를 뜻한다. 이제 부분적인 복지 정책적 대응은 한계가 너무나 분명해지고 더 이상 대중을 설득할 수 없게 된다. 대중은 차라리 큰 정당인 민주당으로 기운다.

아무 일 없이 잘 달리던 자동차가 도로 위에 딱 멈춰서는 거짓말 같은 일은 어느 날 갑자기 일어난다. 적어도 20세기에도 100년에 두 번은 종래의 방식으로는 경제가 더 이상 유지되기 힘든 임계점에 도달했었다. 이러한 한계가 느닷없이 등장한 것은 아니다. 그것은 전 지구적 자본주의의 복합적인 힘들의 상호작용 속에서 경향적으로 긴 시간 동안 진행되어 왔다. 이론적으로 본다면 현재의 위기도 이윤율의 꾸준한 저하와 이에 대한 대응책으로서 불안정 노동사회를 전면화한 착취의 강화, 그리고 이러한 방법으로도 이윤율 저하를 막을 수 없게 되자 금융적, 지대적, 조세재정적 수탈이 노골화되는 과정, 즉 금융자본주의의 새로운 전개 국면을 통해 예정되어 있었다. 여기에 기술혁신의 속도와 고용 창출의 괴리, 생태적 한계가 함께 작용했다. 이렇게 보면 자본주의의 본래적 문제점이 표출된 것에 지나지 않는다. 하지만 현 상태로부터 더 나은 사회로의 이행을 위해 필요한 인식은 위기의 본질에 관한 인식이라기보다 파국적 상황의 표출 형태에 관한 인식이고 위기의 구조에 대한 인식이다. 표출성과 폭발성에 관한 인식은 정치적인 측면에서 매우 중요하다. 호황기에서 불황기로의 교체는 세계자본주의라는 복합적인 전체를 이루는 국지적이고 개별적인 부분들에게는 느닷없는 사건이고 마치 화산 폭발처럼 예기치 못한 파국이기 때문이다. 물론 현실 분석에 성실한 좌파는 침체기의 도래를 능히 예측한다. 하지만 새 시대를 담당할 능력은 예견 능력으로부터 자동적으로 주어지지 않는다. 정작 더 중요한 일은 현 상태

를 갑작스러운 일로 받아들이는 대중의 공포를 이해하는 일
이고, 이때 비로소 정치가 시작된다.

　불황기의 모든 정치세력에게 중요한 문제는 달라진 상황
에 적합하게 사고와 행동의 틀을 바꾸는 일이다. 여기에서
관건인 문제는 분석 능력이 아니라 분석에 근거한 정치력,
구체적 해법과 중장기 대안을 제시하며 대중적 지지를 결집
할 수 있는 능력이다. 2008년 미국발 금융 위기 국면에서 종
래의 진보는 이와 같은 능력을 발휘하지 못하고 사태에 끌려
갔다. 세계적 규모의 양적 완화와 환율 효과를 통해 한국 대
기업들의 수출이 나아지고 사태가 진정되자 모두 상황에 안
주했다. 이명박 정부를 통해 신자유주의는 극단으로까지 강
화되었지만, 진보정치는 보편적 복지 프로그램 이외에 신자
유주의 종식을 향한 중장기 대안을 제출하지 않았다. 보편적
복지의 실현 방식에서도 금융적, 지대적, 재정적 수탈에 대
한 해소책과 재벌 대기업에 대한 통제와 사회화는 고려되지
않았다. 진보대통합과 야권연대를 통해 낡은 진보정치의 생
명 연장만 도모되었을 따름이다. 비록 영향력이 미치는 시차
가 발생하여 현재까지 한국에서 파국적으로 표출되고 있지
않지만, 이 시대가 자본주의 위기의 시대임을 누구도 부인할
수 없다. 이명박 정부의 초대 기획재정부 장관이었던 강만
수도 인정하는 사실을 눈 감아서는 안 될 것이다. 신자유주

의 호황기에는 서구 복지국가에서 실현된 수준을 요구로 내걸고 뒤쫓아 가는 정도의 수세적인 진보정치가 유지될 수 있지만, 불황기에는 그런 일이 불가능하다. 불황기의 진보정치는 좌파정치로 전환되어야 한다. 현재 진보정치의 위기와 파탄의 본질은 진보정치로부터 좌파정치로의 전환이 유예되고 지금껏 이루어지지 않았다는 것이다. 그래서 이제야말로 제대로 된 좌파당을 건설할 시점이다. 시간은 많지도 않고 결코 적지도 않다. 지금이야말로 진보정치로부터 진보좌파 총결집을 거쳐 좌파정치로의 전환이 시급히 요구되는 시점이다.

신자유주의를 종식시킬 자본주의 위기의 시대가 좌파당을 부르고 있다. 좌파는 시대의 호출에 답해야 한다. 또한 2012년 6월 말 현재, 좌파당의 출발점은 이미 충분히 확보되어 있다. 2011년 진보대통합 국면에서 '민주연립정부'로 귀결될 길, 민족주의와 분파 패권에 휘둘리게 될 길을 선택하는 대신에 사회당과 합당하고 진보좌파정당 건설로 경로를 설정한 진보신당이 그 출발점이다. 현재 진보신당연대회의 창당준비위원회에는 민주노동당, 사회당, 진보신당을 거친 정치운동 영역의 진보좌파가 결집해 있다. 또한 통합진보당의 노동 중심성 상실과 민주노총의 통합진보당 배타적 지지에 항의하면서 민주노조운동과 노동자 정치세력화 제1기의 한계를 극복하려는 노동 현장의 좌파 흐름, 민주노조운동을 넘어서서 새로운 노동자운동 단계로 넘어갈 것을 고대하는 조직 노동자들, 신자유주의와 경제 위기의 가장 큰 희생자인 청년 세대, 무엇보다도 금융수탈 체제와 불안정 노동사회의 문제점에 대해 이미 자각했으나 정치적 집결지를 아직 찾지 못한 1000만 비정규불안정노동자들이야말로 좌파당의 진정한 출발점이다.

좌파당을 건설할 계기와 시간 역시 충분하다. 대통령선거가 있는 2012년부터 지방선거가 있는 2014년까지의 시공간이면 이 시대에 부응하는 좌파당 건설은 충분히 가능하다. 설령 그리스 사태가 올해 안에 유로존을 파국으로 몰고 가더라도, 어느 정도 독자적인 경기 부양 능력을 확보하고 있는 중국이라는 방파제를 넘어 한국까지 영향이 미치기에는 일정한 시차가 발생한다. 위기와 파국이 본격화되기 전에 제대로 된 좌파당을 건설할 수 있다면 이와 같은 시차는 한국 좌파에게 행운일 수 있다. 최소한의 준비도 없이 파국적 위기가 도래할 때 좌파조차 전환의 추동력이 아니라 파국의 일부가 될 수 있겠지만, 세계적 위기의 시차는 한국에서 좌파당을 수립하는 준비기의 시공간을 우리에게 부여해 줄 수 있다. 그런데 시간은 모자라지는 않지만 결코 넉넉하지는 않다. 오히려 2008년 이후 경제 위기의 진행 과정을 보면 좌파에게 주어진 시간은 빠듯하고, 2008년 이후 한국 좌파가 낭비한 시간과 답보 상태의 현재를 고려하면 해결해야 할 과제는 결코 만만치 않다. 한국에서 좌파당을 건설하고 2014년 말까지 반석 위에 세워 신자유주의를 종식시키기 위해서 나아가야 할 길에는 수 많은 과제가 우리를 기다리고 있다.

5. 진보신당, 노동자정치, 청년정치
— 좌파당의 출발점

진보신당연대회의창당준비위원회에 결집한 진보좌파는 평등, 연대, 평화, 생태적 지속, 노동을 통한 자기실현과 자유로운 활동의 증대 등 진보정치의 근본적 가치를 공유하며 독자적 진보정치의 정통성을 계승한다. 이와 같은 공통성은 진보신당연대회의창당준비위원회가 과거의 진보정치의 긍정적인 자산의 적법한 상속자임을 뜻한다. 또한 과거 민주노동당, 진보신당, 사회당 또는 그 밖의 좌파 단체들의 긍정적 자산이 하나로 모여 있다는 것은 좌파당 건설에서 최소한의 출발점임과 확장 가능성이 있음을 뜻한다. 민주노총의 통합진보당 배타적 지지 철회 운동이 기폭제가 되어 제대로 된 노동정치를 위한 현장조직들 상호간의 소통과 연대의 움직임도 활발해지고 있다. '좌파노동자회', '새로운 노동정치를 위한 제안자 모임', '변혁적 현장실천과 노동자계급정당 건설을 위한 활동가 모임', '전태일을 따르는 사이버 노동대학' 등이 새로운 노동자정당에 대하여 큰 틀에서 동의하는 것으로 알려져 있다. 지난 3월 4일 진보신당과 사회당의 통합으로 마무리된 진보좌파 제1단계 결집에서 총선 이후에 논의를 이어나가기로 했던 사노위, 사회진보연대, 진보교연과의 대화도 열려 있다. 1997년 체제와 세계경제 위기의 가장 큰 희생자들인 청년 세대의 좌파정치적 맹아를 결집하고 당의 중요한 부분으로 포괄하며 확대하는 것도 가능성의 영역에 놓여 있다.

이와 같은 구성 요소들의 일부는 대선 이전에 당을 함께 하고 나머지는 정치 연합의 형태로 결집하여 대선 이후로 논의의 연속성이 담보되는 복합적인 과정이 앞으로 진행될 것이다. 진보신당연대회의창당준비위원회는 진보좌파정당추진위원회를 설치하여 진보좌파당 건설의 제2단계를 열려고 한다. 이러한 과정 전체는 목표와 방향이 분명한 가운데 개방성이 강하면 강할수록 역동적 과정이 될 것이고 흩어져 있는 개별적 조직들의 결집을 넘어서는 광대한 대중의 결집 과정이 될 수 있다. 하지만 개방성을 통해 정치적 역동성과 대중적 확장성을 담보하기 위해서라도 목표와 방향은 처음부터 명확해야 한다.

첫째, 좌파 총결집은 1987년 이후 독자적 진보정치의 전통성을 계승하는 종착점이자 2013년 이후의 새로운 상황에서 좌파정치를 전개할 분기점이 되어야 한다. 2012년 하반기와 2013년 상반기에 걸쳐 진행될 총결집은 한 시기의 매듭을 짓고 이를 발판으로 삼아 새로운 시기로 나아가는 도약점이

되어야 한다. 좌파 총결집은 좌파정치의 중장기 전망을 여는 최초의 일보(一步)가 되어야 한다. 총결집을 회피하고 고립 분산된 채로 비장감 넘치는 분전(奮戰)이나 장렬한 순사(殉死)를 택하는 것은 시대의 소명을 저버리는 일이다. 패배와 소멸의 길이 아니라 미래를 위한 거대한 일보를 내딛으려면, 좌파당을 건설하는 과정이 기획, 전략, 정치 방식을 일대 혁신하는 과정이 될 필요가 있다. 이 과정에서 신자유주의의 위기와 파국을 극복할 좌파의 대안이 큰 틀에서 합의되고 구체적 이행의 전략이 수립되어 대중에게 실천적으로 제시되어야 한다. 한편으로는 호황기 진보정치운동으로부터 물려받은 이론적 정책적 유산에 안주하지 말아야 하며, 다른 한편으로는 평등, 연대, 생태, 평화, 자기실현적 노동과 자유로운 활동과 같은 좌파적 가치를 단순한 지향이 아니라 실현 가능한 대안으로 구체화해야 한다. 위기와 파국의 시대에는 좌파의 존립 조건도 변한다. 좌파적 가치에 대한 호소만으로 대중적 힘이 모이지 않는다. 대중은 고매한 가치나 해방된 사회의 상이 아니라 더 나은 사회로 이행할 경로와 가능성에 주목하기 때문이다. 가치 중심 정치로부터 대안 중심 정치로의 전환은 신자유주의 종식기 좌파정치의 존립에 필수적이다.

2008년 창당 이후 2011년 가을 민주노동당, 국민참여당,

통합연대의 3자 결합으로 통합진보당이 등장하기 이전까지 진보신당의 정치 방식에서는 명망가 정치가 한 축이었다면 가치 중심 정치가 다른 한 축이었다. 명망가들이 통합진보당으로 떠난 이후 독자적인 진보신당에는 가치 중심 정치의 자산만이 남겨졌고 정치의 고귀함을 믿는 사람들이 당을 지켰다. 진보적 가치를 국면의 실리에 팔아넘길 수 없었던 고귀한 자들의 당으로서 홍세화 대표의 진보신당은 정치공학적 세력 연합 대신에 가치와 정체성이 맞는 사회당과의 통합을 택함으로써 기존 정당운동 영역에서의 좌파 선결집을 이루고 향후의 총결집을 위한 발판을 확보했다. 그런데 정치는 고귀한 자와 타락한 자를 가려내고 고귀한 자를 기억하고 기리는 인륜성의 법정이 아니라 근접한 미래를 결정하기 위한 투쟁이다. 진보적 좌파적 가치에 헌신하고자 하는 사람들, 정치의 고귀함을 믿는 사람들은 파국에 도달한 진보정치의 낡은 시대가 남긴 최후의 긍정적 유산이며, 바로 이 유산에서 출발하여 우리는 고귀한 자가 장기적으로 승리할 방도를 찾아야 한다. 고귀한 자의 순사(殉死)보다 더 고귀한 것은 중장기적 안목에서 승리를 향해 차곡차곡 나아가는 전진이다. 더 고귀해지기 위해서 우리는 가치 중심 정치로부터 대안 중심 정치로 전환해야 한다. 고귀한 것은 더 분명할 뿐만 아니라 더 넓은 것이어야 한다. 좌파는 구체적 이행의 전략을 민주주의의 확장과 맞물린 과정으로서 전개하고, 이를 통해 좌파정치의 주체를 재구성하고 대중의 지혜와 힘을 결집해야 한다. 이와 같은 급진적 대중정치의 과제를 회피할 때 좌파의 존립 근거는 위기의 도래 이전보다 더 심각하게 위협받게 될 것이다. 위기의 시대에는 전반적인 정치 형세의 변동 폭이 크기 때문이다.

둘째, 좌파당은 정치운동의 목표나 성격뿐만 아니라 주체 구성에서도 노동자정당이어야 한다. 그런데 이러한 전환은 대공장 노조 중심의 과거 방식의 노동정치를 복원하는 일이 아니다. 전환의 요체는 비정규불안정노동자의 정치세력화다. 통합진보당의 노동 중심성 상실을 만회하는 수준에서의 노동정치 복원은 수세적이고 퇴행적이다. 또한 민주노총으로 대표되는 조직 노동자의 운동에 대한 정치적 장악력과 영향력을 회복하는 것이 노동 중심성과 동일시될 수 없다. 오히려 민주노총 자체가 진정한 좌파노총으로 거듭나야 한다. 문제는 노동 중심성 자체가 아니라 어떤 성격의 노동 중심성인가이며, 새로운 주체를 어떻게 형성할 것인가이다. 좌파당 건설 과정은 조직된 노동자 내부의 좌파가 결집하고 비정규불안정노동자의 정치세력화를 위한 구체적인 전략이 수립되는 계기가 되어야 한다. 통합진보당과 민주노총의 몰계급화에 맞서 노동 중심성의 깃발만을 치켜드는 것으로는 앞서 말한 가치 중심 정치에 머물고 만다. 노동정치가 더 중심적 요소가 되고 좌파정치가 더욱 노동자다워지기 위해서라면, 노동정치에서도 가치 중심 정치로부터 조직화와 정치세력화의 구체적 대안과 전략을 중심으로 하는 실질적 이행대안의 정치로의 전환이 반드시 필요하다. 노동 중심성은 치밀하게 설계되고 치열하게 실천되는 주체 형성 전략을 통해서만 확보된다. 실패로 종결된 노동자 정치세력화 제1기를 반복하는 것은 큰 의미가 없다.

셋째, 청년정당으로의 전환은 수사나 지향이 아니라 의제와 소통 문화의 혁신을 통해 대중적 흐름으로 확보되어야 한다. 청년층에 대한 개방성은 현실의 구조를 이해시키고 감동과 또 다른 세계의 가능성을 보여 줄 구체적인 프로그램으로 실행되어야 한다. 다가오는 파국의 시대를 앞두고 청년층은 이미 급진화되어 있다. 단지 이러한 급진화가 정치적 좌표와 무관하게 개별화하고 내면화되도록 방치할 것이 아니라 급진화된 청년층을 정치적 실천의 장으로 끌어내고 집단적 주체로 서게 하는 과정이 필요할 뿐이다.

위기의 시대는 좌파를 부른다. 위기는 좌파의 작품이 아니지만 좌파의 등장은 위기의 산물이다. 임박한 파국이 좌파를 호출한다. 호출은 좌파의 준비 정도와 무관하게 이루어진다. 하지만 좌파당 건설의 구성 요소는 힘찬 출발을 위해 이미 차고 넘치고, 목표와 방향성을 명확히 한다면 대중적 진출을 위한 시간도 비록 넉넉하지는 않아도 모자라지는 않다.

6. 좌파당의 이행 전략 ― 기획의 혁신

좌파당의 역사적 임무는 신자유주의 종식을 통해 임박한 파국을 막고 더 나은 사회로의 이행을 추동하는 일이다. 이러한 이행은 당의 중장기적 목표인 동시에 지금 당장 착수해야 할 당면 과제이다. 이행의 당대성에 좌파당의 정치적 정체성이 기초한다. 파국은 당장에도 순식간에 벌어질 수 있지만 더 나은 사회로의 이행은 파국과 함께 자동적으로 주어지지 않는다. 새로운 사회는 전략적 실천의 결과물로서만 등장한다. 그래서 본격적 이행의 계기가 등장하지 않고 주체가 덜 준비된 상태에서도, 이행 전략은 좌파당 건설의 필수적 구성 부분이고 이행 전략을 마련한다는 것은 정치적 성장을 위한 필수적인 준비 태세를 확립한다는 것을 뜻한다.

앞에서도 언급했듯이, 불안정 노동사회의 전면화와 금융자본의 수탈은 신자유주의의 두 가지 본질이며, 더 나은 사회는 이 두 가지 규정의 소멸을 통해 등장한다. 더 나은 사회는 1) 노동시간 단축과 사회적 노동의 재분배를 통해 모두가 훨씬 더 적은 시간을 일하고, 원한다면 안정적인 일자리를 얻으며, 모두 함께 잘 사는 사회, 또한 2) 금융적, 지대적, 조세재정적 수탈 체제가 철폐되고 금융자본주의가 완전히 종식된 사회, 금융이 사회화되고 민주적으로 통제되며 사회 전체의 이익에 부합하는 새로운 금융 체제에 의하여 사회적 자원의 분배가 친노동적이고 생태친화적으로 이루어지는 사회로 표상된다.

두 가지 목표는 이행 전략 속에서 상호 연동된 과제이며 선택되는 수단들도 두 목표에 대해 복합적으로 작용한다. 이행 전략은 신자유주의의 현재 조건에서 출발하여 새로운 사회라는 목표에 도달하기 위한 수단으로 1) 기획대안, 곧 경로와 단계에 대한 설계, 단계별 과제 확정, 단계의 상승과 이행의 결정적 계기에 대한 설정을 한 부분으로 하고, 2) 주체대안, 즉 각 단계와 전 과정을 추진할 주체와 동력에 대한 구상을 다른 한 부분으로 한다. 그리고 기획대안은 1) 부분적인 정책 수준에서 포괄적인 사회대안의 수준까지를 망라하는 과제기획(project), 2) 과제의 논리적 인과관계, 시계열적 전개, 계기적인 연쇄와 비등점에 관한 사고 실험인 순서기획(procedure)으로 나눌 수 있다. 당연하게도, 기획대안은 과정을 추동할 주체를 필요로 한다. 추동력을 명확히 하는 주체대안이 없다면 기획대안은 정치적 이행 전략으로서 제 구실을 다할 수 없다.

이행 전략이 좌파정치에서 지니는 역할과 관련하여 먼저

확인해 둘 점이 있다. 이행 전략은 현실적으로 불가능한 이행에 대한 주체의 의지 표명도 아니며 더 나은 사회라는 당위적인 목표에 도달하기 위한 논리적 연산표도 아니며, 구체적인 정치투쟁을 위한 작전 계획서는 더군다나 아니다. 이행 전략은 객관적으로 이행이 가능할 뿐만 아니라 절박해진 시대에 대중운동의 고양을 통해 실제적인 이행을 감당할 지위를 획득하기 위한 경로 설정이며, 동시에 집권 이후의 사회 재구성 프로그램이다. 여기에서 집권 이후의 프로그램은 집권을 향한 대중운동의 슬로건이기도 하다는 점이 중요하다. 이행 전략이 전제하는 관찰 지점은 객관을 있는 그대로 고찰할 수 있는 지점(아르키메데스의 점 Archimedean point)이다. 여기서는 주체의 역량조차 객관의 일부로서 타산되어야 한다. 그런데 바로 이 점에서 모든 종류의 이행 전략에 내재한 고유한 장점이자 한계가 나타난다. 바로 정치에는 예기치 않은 돌발과 고양이 있기 마련이라는 점이다. 주체의 역량과 반응의 연쇄 작용에 대해 과소평가했을 수도 있고 위기의 폭발이 예측한 것보다 훨씬 가파를 수 있다. 그래서 이행 전략의 단계와 경로는 축약될 수 있으며, 목표와 주체의 관계에서도 이행 전략은 내부적으로 불일치와 불안정의 계기(마키아벨리적 계기 Machiavellian moment)를 가지고 있을 수밖에 없다. 무엇보다도, 가장 현실적으로 치밀한 경우조차 이행 전략은 의지와 실천적 지혜의 부족을 대체하지 못한다. 결국 정치는 "운(fortuna)에 일방적으로 좌우되지 않고 그것에 대한 통제력을 높이고 활용함으로써 자신의 의지(virtù)를 이루어 내는 힘"의 문제이고 이행 전략은 외적인 요인인 운을 파악하기 위한 지침 그 이상도 이하도 아닐 것이다. "사태를 파악하라, 운은 따라올 것"(Rem perspecta, fortuna sequitur)이라고 말하는 것은 과하다. 의지와 힘으로 "사태를 장악하라, 운은 따라올 것"(Rem tene, fortuna sequitur)이라고 말하는 것이 타당하다. 하지만 장악하기 위해서라도 먼저 파악해야 한다.

이 장에서 서술할 주제는 기획대안이다. 주체대안의 문제는 다음 장에서 다룰 것이다. 기획대안은 더 나은 사회의 실현 가능성을 확보하며 현재의 조건에서 그와 같은 목표로 나아가는 경로와 수단을 다룬다. 이에 관한 상세한 서술은 팸플릿보다는 독립적인 책의 형태가 더 적절할 것이다. 아래에서의 서술은 개략적이다. 또한 구체적인 정책 수준의 문제보다 전체적인 구조와 틀, 논리적 연관 관계와 시계열적 전개를 보다 중점적으로 밝힐 것이다.

신자유주의 종식을 위한 기획대안은 독립적인 정책 수단들의 총합이 아니라 상호 연관되고 구조화된 총체이어야 한다. 그래서 첫째, 불안정 노동사회 종식과 금융수탈 체제의 철폐라는 양대 과제의 해결을 위한 기획은 연동되어야 한다는 점을 강조할 필요가 있다. 현재의 금융자본주의에 대한 대규모 절개수술을 감행하지 않은 채 불안정 노동사회가 종식될 가능성은 없다. 오히려 불안정 노동사회를 벗어나기 위한 이행의 비용을 금융자본주의의 철폐 과정에서 마련한다는 식의 사고방식의 전환이 필요하다. 금융자본을 제어하고 수탈을 폐절할 여러 가지 정책 수단들 중에서 무엇을 중시할 것인가의 문제에서도 불안정 노동사회의 종식에 대한 쓰임새가 비교와 평가의 기준이 되어야 한다.

둘째, 두 과제의 연동성 다음으로 중요한 사항은 금융자본주의를 종식시키기 위한 수단의 문제이다. 금융자본에 대한 고율 과세, 규제, 사회화의 각종 수단을 강구하고, 이 과정에서 사회적 이행을 위한 공적 재정을 마련한다. 총자본의 조세부담률을 높이면서 동시에 생산 및 고용과 무관한 금융투기와 수탈적 방식에 의한 자본축적에 대해 고율로 과세함으로써 생산 및 고용에 대한 압박을 높인다. 금융거래세나 자본이득세뿐만 아니라 생산으로부터 탈구하여 투기적으로 증식하는 금융자본에 대한 보유세도 도입할 필요가 있다. 파생금융상품에 고율로 과세하며 규제를 강화하고 장외거래는 전면 금지한다. 이와 같은 조세혁명은 그 자체로도 금융자본의 총규모를 줄이고 이동 속도를 완만하게 하기 때문에 의미가 있다. 하지만 조세혁명의 더 큰 의의는 이를 통해 확보된 국가재정을 불안정 노동사회 종식을 위한 기금으로 활용한다는 점이고, 따라서 전체 과정은 단지 조세혁명이 아니라 조세재정혁명이라 부를 수 있다. 그런데 이와 같은 조세재정혁명만으로는 불안정 노동사회 종식을 위한 재원이 부족할 수 있다. 불안정 노동사회 종식에 한 걸음 더 다가선 단계는 금융 사회화를 통해 이루어진다. 주요 은행에 대한 사회화와 민주적 통제를 확립하고 연기금 운영을 민주화하고 사회적 목적합치성 원칙을 도입한다. 이를 통해 민주적으로 통제되고 사회 전체의 이익을 위해 운영되는 사회기금적 금융 체제를 만들어내고 이로부터 발생하는 이윤을 더 나은 사회를 향한 이행의 재원으로 삼는다.

셋째, 사회기금적인 금융 체제가 수립되면 재벌 체제의 경영권에 개입하여 재벌 체제를 해체하고 궁극적으로는 거대 생산 기업에 대한 사회적 경영을 확립한다. 사회기금적 금융의 이윤과 거대 생산 기업의 지분으로부터 나오는 배당은 다시금 불안정 노동사회 종식을 위한 기금으로 사용한다. 재벌 체제는 예컨대 미상장인 에버랜드가 상장된 삼성생명을 지배하고 삼성생명이 계열사를 지배하는 것처럼 순환출자와 금융지주회사를 통한 지배로 유지되고 있다. 총수 일가의 지분은 1% 이하로 미미한 반면에 순환출자를 통한 내부

지분율은 55.73%에 달한다. 사회화된 은행의 채권을 주식으로 전환하고 이미 투자되어 있는 연기금의 운영 구조를 개편하여 민주적 의사 결정과 사회적 목적 원칙을 도입하여 사회 전체의 이익을 위해 의결권을 행사함으로써 총수의 경영권을 박탈하고 사회적 경영으로 전화하여 재벌 체제를 해소하는 일은 이미 가능한 구조이다. 이를 위한 전제는 금융 체제의 혁명인데, 그 주요 내용은 주요 은행을 사회화하는 것이며, 마찬가지로 연기금 운영에서도 신자유주의적 수익성 원칙을 폐기하고 형식에 있어서는 민주적 통제의 원칙을 세우고 내용에 있어서는 사회적 목적구속성의 원칙을 세우는 것이다.

넷째, 사회화 과정이 여기까지 진행되면 국가재정뿐만 아니라 사회화된 금융의 수익 및 거대 생산 기업에 대한 사회적 경영의 이윤으로부터 발생하고 점차 확대되어 갈 사회기금까지도 불안정 노동사회 종식을 위한 재원이 된다. 바로 여기에서 확인해 둘 사항이 있다. 불안정 노동사회 종식이란 신자유주의 이전의 정규직 완전고용으로 돌아가는 복고 운동이 아니라는 점이다. 그런 일은 가능하지도 않을 뿐더러 바람직하지도 않다. 정리해고와 비정규불안정노동의 확산은 기술혁신에 따른 이윤율 하락을 노동에 전가하기 위한 과정, 착취의 강화다. 지금과 똑같은 시간을 일하면서 과거처

럼 정규직 일자리를 모두에게 나눠주기 위해서는 엄청난 규
모의 생산 확대가 필요하다. 이는 세계시장의 위축을 감안할
때 한국 경제가 감당할 수 없는 선택이며, 전 세계적으로 볼
때도 엄청난 과잉생산과 환경 파괴를 동반할 것이기에 바람
직하지도 않다. 따라서 현재의 생산량을 확대하지 않고 안정
적이고 질 좋은 일자리를 모두에게 나눠주는 일은 현재의 정
규직노동자의 노동시간을 혁명적으로 줄일 때에만 가능하
다.

　물론 이 지점에서 곤란한 문제가 돌출하게 된다. 노동시
간의 단축이 실질임금의 삭감과 생계 수준의 하락으로 이어
지지 않도록 하기 위해서는 시간당 임금이 혁명적으로 올라
야 한다. 이와 같은 임금 인상이 한 사업장이나 개별 자본에
한정되어 관철되는 것은 불가능할 뿐만 아니라 전체 노동자
의 연대를 위해서도 바람직하지 않다. 규모와 생산성 등 개
별 자본의 불균등성을 고려하면 이 과정은 사회 전체적 수준
에서 진행되어야 한다. 또한 정규직과 비정규직, 고용과 실
업 등 노동이 분할되어 있음을 감안한다면, 임금 인상 과정
은 고용을 전제로 하는 임금의 형태가 아니라 그와는 다른
사회적인 형태를 띠는 것이 바람직하다. 실업부조나 비정규
직 임금 지원이 아니라 노동 및 자산 여부와 관계없이 모두
에게 개별적으로 지급되는 무조건적 기본소득 개념을 도입

해야 하는 이유는 바로 여기에 있다. 충분한 기본소득은 생활수준 하락 없는 노동시간 단축을 가능하게 해 주고 전 사회적인 수준에서의 필요노동 재분배가 이루어지도록 만든다. 기본소득 개념에 내재한 임금노동에 대한 부분적인 독립성의 증대와 자유로운 활동 시간의 증대라는 측면은 매우 중요한 요소이다. 이와 같은 측면은 노동시간 단축을 통해 안정적인 일자리를 확충하고 불안정 노동사회를 종식시키기 위한 이행에서 적극적으로 활용되어야 한다. 기본소득의 재원은 위에서 서술했듯이 자본에 대한 과세와 사회기금의 이윤으로 충당한다.

다섯째, 불안정 노동사회 종식을 위한 과정에서 기본소득은 결정적인 수단이지만 전능한 무기는 아니다. 기본소득은 노동시간의 혁명적 단축을 가능하게 해 주는 경제적인 전제조건이지만 노동시간 단축이 실제로 이뤄지기 위해서는 정규직노동자의 각성과 비정규불안정노동자의 사회적 영향력 확대가 필요하다. 아울러 모두가 적은 시간을 노동함으로써 모두에게 안정적인 일자리가 돌아가게 하기 위해서는 기본소득 지급이 저임금 노동의 확산이나 시간당 임금의 하락의 계기가 되는 일을 막아야 한다. 그래서 기본소득 도입과 최저임금 인상 요구는 반드시 연동될 필요가 있다. 또한 최저임금의 인상은 기본소득이 전면적으로 도입되지 않은 초기 단계에서 불안정노동자의 처지에 실질적 도움을 준다. 노동시간 단축을 통해 사회적 필요노동의 재분배가 이루어지는 과도기에 국가는 한편으로는 최저임금을 생활임금 수준으로 인상하고, 다른 한편으로는 고용의 대부분을 창출하고 있는 중소기업에 대하여 금융 배제의 해소, 기술혁신, 판로 확보 등에서 적극 지원함으로써 저임금형 중소기업을 줄여나가야 한다.

여섯째, 좌파당의 이행 전략에는 생태적 전환의 수단과 경로가 포함되어야 한다. 후쿠시마 재앙은 탈핵과 자연에너지 중심의 에너지 정책으로의 전환을 시대적 요청으로 만들었다. 이 점에서 좌파당은 A부터 Z까지 생태주의정당이다. 단지 신자유주의 종식기의 생태주의정당으로서 좌파당은 시대에 부합되는 생태적 전환의 과제에 복무할 따름이다. 좌파당은 신속한 탈핵 정책을 추진함과 동시에 이 전환이 신자유주의적 형태에 포획되지 않도록 주의를 기울여야 한다. 동남아시아의 경우처럼 자연에너지 산업이 농업을 왜곡하지 않도록 해야 하며, 농업에서도 생태친화적 영농과 식량 자급 수준의 획기적인 개선을 동시에 추구해야 한다. 좌파당은 중앙집중적 에너지 공급 체계를 생태친화적 지역에너지 중심 체계로 개편하여 사회생태적 경제를 통해 지역 일자리를 창출할 수 있도록 독일의 재생에너지법(EGG)에 준하는 법률적

틀을 수립해야 한다. 사회생태적 공공투자가 토건투자를 대체해야 할 것이다. 좌파당의 생태주의정당으로서의 성격은 신자유주의 종식이라는 중심 과제로 인하여 상대화되는 것이 아니라 종식기의 조건 속에서 더욱 구체화되고 강화되는 것이다.

일곱째, 좌파당은 지난 15년간 진보정당의 전통 속에서 확립된 반핵평화정당, 인권정당, 가장 억압받고 배제된 자들의 연대정당으로서의 정체성을 계승하고 더욱 강화해야 한다. 이 점은 신자유주의 종식이라는 중심 과제를 완수하기 위해서도 매우 중요하다. 위기와 파국의 시기에는 대중의 관심을 주변적인 문제로 돌리기 위한 여러 시도가 나타나기 마련이다. 한반도와 동북아 위기의 고조, 이주노동자 · 장애인 · 여성 · 성소수자 등 사회적 약자와 소수자의 인권에 대한 공격, 개발이익과 같은 특수한 이해관계의 고취 등의 저강도 충격요법이 끊임없이 반복될 수 있다. 좌파당은 진보정치의 원칙적 입장을 견지하면서 이와 같은 시도에 맞서 신자유주의 종식을 위한 투쟁에 대중의 힘을 모아내야 한다. 반핵평화정당, 인권정당, 연대정당으로서의 규정은 신자유주의 종식기의 구체적인 투쟁에서 좌파당의 후퇴할 수 없는 가치로서 지켜야하고 확장해야 한다. 특히 불안정한 1953년 정전협정 체제의 지속과 북핵 문제는 자칫하면 신자유주의 종식의 과제 자체를 집어삼킬 만큼 큰 여파를 미칠 수 있다. 그러므로 좌파당은 한반도 비핵평화 체제를 수립하고, 한미일 동맹에 입각한 동북아 신냉전 체제의 수립을 저지하고, 미중 관계의 균형과 군축을 통해 동북평화 체제를 수립하고, 북미/남북/6자회담 틀에 머물지 않고 한중 관계를 협소한 경제 관계를 넘어서는 틀로 확장하여 장기적인 안목에서 통일 한반도의 미래와 군사안보 문제가 논의되는 틀로 발전시키는 일을 목표로 삼고, 국내외 평화 역량의 결집과 강화를 통해 평화 체제와 통일의 여건을 조성해야 한다. 여기에는 한반도 주변의 군사 정세를 긴장시킴으로써 1997년 신자유주의 체제의 종식을 뒤로 미루려는 시도에 대한 억제라는 소극적인 의미만이 아니라, 한국에서 신자유주의 종식기에 닥쳐올지 모르는 한반도 통일 국면에 대비하는 적극적인 의의도 있다.

위의 일곱 사항을 통해 과제기획(project)의 틀과 개별 과제들의 상호관련성과 위상이 설명되었다. 과제들의 논리적 연관 관계가 밝혀졌음으로 순서기획(procedure)의 일단도 부분적으로는 밝혀진 셈이다. 여기에서 시계열적 순서기획을 상세히 구상하고 서술할 수도 있겠지만 올 가을까지의 국면에서 한국 좌파의 정치적 처지로 볼 때 그럴 필요는 없을 것 같다. 좌파의 당면 목표는 집권 프로그램으로 대중적 세를 결집하는 일이 아니라 제대로 된 좌파당을 건설하는 일이기 때문이다. 그래서 집권을 전제로 한 시계열적 순서기획보다는 정치적 실천의 단계 설정이 오히려 중요하다. 첫 단계는 좌파당을 건설하여 신자유주의 종식의 급진 의제를 선도적으로 제기하고 대중적으로 확산하는 단계고, 두 번째 단계는 광대한 공론의 형성을 통해 집권 세력을 압박하는 단계며, 세 번째 단계는 좌파당 스스로가 신자유주의 종식의 수행자로 등장하는 단계일 것이다.

이와 같은 발전 과정 전체는 대중의 정치 참여와 직접민주주의의 확장을 통해 진행되어야 하며, 궁극적으로 민주주의의 사회적 경제적 토대가 수립되는 결과를 낳을 것이다. 위에서 서술한 두 번째부터 다섯 번째까지의 과제는 새로운 사회로 나아가는 경제대안에 해당된다. 이와 같은 과제의 수행의 결과로서 형식적 민주주의를 넘어 실질적 민주주의가 확립되고, 국민주권과 시민권의 사회적 경제적 토대가 부여되는 새로운 국가형태로의 이행이 동시에 이루어질 것이다.

7. 주체 형성 전략

기획대안을 실현하기 위한 정치적 실천의 각 단계는 고유한 주체의 형성과 동력의 획득을 전제로 한다. 대중적 주체 형성이 없이는 어떠한 기획도 실현될 수 없다. 주체 형성 전략의 출발 상황은 불안정 노동사회의 현실이고, 세계경제 위기로 인한 고용 축소를 통해 청년 세대에게 강요된 경제적 사회적 배제이다. 좌파당의 대중적 기반의 완성은 1) 비정규 불안정노동자(프레카리아트)를 새로운 정치적 주체로 세우고, 2) 이를 전통적인 조직 노동자와 정치적으로 통일시켜 노동자계급을 재형성함으로써 달성된다. 영세자영업자, 철거 당사자, 금융 배제자 및 수탈금융 피해자, 청년실업자, 실망실업자 등을 비롯하여 여러 층위의 '배제된 모든 자'의 결합과 연대는 첫째 과제에서 함께 수행되어야 한다. 그들 모두가 신자유주의가 생산한 '새로운 사회계급'으로서 넓은 의미의 불안정노동자에 포괄된다.

제대로 된 일자리를 가지지 못한 청년불안정노동자와 빚더미로 내몰리는 학생층을 하나의 단일한 집단 주체로 형성해야 한다. 청년층에게 정작 필요한 것은 멘토가 아니라 기본소득이다. 안철수와 같은 멘토는 청년층의 박탈감과 미래에 대한 두려움을 용기와 같은 추상적인 덕목으로 달랠 뿐이지만, 기본소득은 청년들로 하여금 제 발로 선 독립적인 주체가 되도록 한다. 고율의 금융 과세로 재원을 마련하는 청년기본소득은 청년층에게 청년 고용 축소의 원인과 해법의 양 측면을 모두 분명히 제시하는 개념이며 청년 주체 형성을 위한 급진 의제로서 충분한 가치를 가진다.

비정규불안정노동자를 새로운 정치 주체로 묶어세우기 위해서는 정치 전선과 조직 전선의 긴밀한 그물망을 짜들어가야 한다. 금융자본주의와 재벌 체제의 종식, 기본소득의 전면적인 도입, 생활수준 하락 없는 노동시간 단축과 정규직 전환 등과 같은 전국적인 급진 의제 투쟁을 종선(縱線)으로 하는 정치세력화 전략과 대공장과 같은 집중점을 가지지 않는 영세사업장, 사회서비스업, 파트타임 노동자 등을 위한 지역적 조직화 전략을 횡선(橫線)으로 하여 종횡(縱橫)의 그물망을 짜들어가는 주체 형성 전략이 전개되어야 한다. 급진 의제를 중심으로 전국적인 정치 전선과 지역적 차원에서의 불안정노동자의 조직화 거점은 상호작용하며 확대될 것이다. 이 둘은 선택과 집중을 필요로 하는 사항이 아니라 두 개의 바퀴처럼 밀접히 연관된 사항이다.

또한 각성된 조직 노동자를 좌파당으로 결집시키기 위하여 좌파노동정치가 즉각 가동되어야 한다. 신자유주의 종식기에 부합되는 노동자계급의 정치적 재형성은 1) 불안정노동자의 정치세력화, 2) 전통적인 조직 노동자운동의 좌파적 전환이라는 두 축을 통해 진행된다. 여기에서 두 번째 과제는 첫 번째 과제 이후의 과제가 아니라 당면 과제이다. 신자유주의의 즉각적 종식을 목표로 하는 노동자의 총결집으로서 좌파노총이 등장해야 할 시기다. 민주노조운동을 넘어 민주노총의 좌파노총으로의 전환이 필요한 시기다. 좌파노총이 조직 노동자의 각성된 부분의 총결집으로부터 출발하여 불안정노동자의 조직화와 정치세력화를 통해 성장해 나갈 때 좌파당의 대중 기반은 새로이 형성될 것이다.

좌파노총은 좌파당의 노동자운동에 대한 조직 무기이며 좌파당은 좌파노총의 중요한 정치 무기이다. 하지만 이와 같은 관계 설정 및 역할 분담에는 분명한 한정이 따른다. 좌파노총의 노동자정치는 좌파당을 통해서만 대리되지 않아야 한다. 좌파노총은 정치적 노동조합이고 신자유주의의 즉각적 종식을 목표로 한다. 정치적 노동조합으로서 좌파노총은 당연히 그 자신의 고유한 정치 영역을 지니며 독자적인 정치 사업을 펼쳐가야 한다. 좌파당과 좌파노총의 수탁 관계로 노동자정치를 한정하면 좌파노총의 정치적 노동조합운동으로서의 성격 규정 그 자체가 훼손된다. 마찬가지로 좌파당의 입장에서도 좌파노총을 불안정노동자의 조직화 및 정치세력화의 유일한 통로와 수단으로 사고할 필요는 전혀 없다. 신자유주의 종식기에 나타난 대중 저항의 일반적 형태를 살펴보면, 노동자의 정치세력화, 특히 불안정노동자의 정치세력화는 노동조합을 통한 조직화를 일단 거친 후에 조직된 대중이 정치세력화하는 경로로 반드시 진행되지는 않는다. 신자유주의 종식기에는 미조직 대중의 저항이 더욱 거세지고, 정치 전선의 형성에서 정당의 역할은 결정적이다. 또한 대중적 접촉의 통로나 조직화 수단의 측면에서도 정당의 지역조직은 전통적으로 노동조합 못지않은 역할을 해 왔고, 현 시기에도 신자유주의 종식기의 성격에 부합되는 지역조직화 전략이 추진된다면 정당이라는 틀 자체가 비정규불안정노동자를 조직하는 핵심적인 틀이 될 수도 있다.

예컨대 '배제된 모든 자들의 만남'이 이루어지는 장(場)의 개념으로서 '전태일의 집'과 같은 구상은 반드시 실현되어야 한다. 신자유주의 종식기에 노동자계급이 등장하고 스스로를 정치적 보편자로 세우는 장소는 대공장만이 아니다. 한국의 희망버스나 전 지구적인 점령(Occupy) 운동의 예에서 알 수 있듯이, 거리와 광장의 중요성은 신자유주의 종식기에 날로 커지고 있다. '전태일의 집'은 우애, 치유, 교육, 토론, 직접민주주의 훈련이 이루어지는 마당이 될 수 있고, 대중이 광장으로 나아가는 길목이자 광장으로부터 돌아와서 재충

전하는 쉼터가 될 수 있다.

이와 같은 과정은 새로운 대중적 주체 형성으로 귀결된다. 대중적 주체의 형성은 좌파당의 조직 형태와 운영 원리를 변화시킬 것이다. 대중적 기반의 확대는 명망가의 개인적 연고 관계가 의사 결정에 큰 영향력을 미치는 타원형 정당이 아니라 당을 구성하는 여러 대중 주체들의 영향력이 중앙의 의사 결정에 골고루 영향을 미치는 동심원형 정당으로의 전환을 촉진할 것이다. 새로운 주체를 획득하기 위한 과정과 결실 모두 좌파당이 동심원형 정당으로 거듭나는 계기가 될 것이다.

8. 맺는 말 — 좌파당의 길

2012년 하반기의 과제는 제대로 된 좌파당을 건설하고 신자유주의 종식의 길을 여는 일이다. 대선 대응도 이러한 과제에 부합해야 한다. 보수정당들에게 대선이 지난 5년간 정치의 가을걷이가 이루어지는 수확의 시기라면, 좌파당에게 대선은 파종의 시기이다. 씨를 뿌리지 않고서야 열매도 거둘 수 없다. 그런데 정작 중요한 문제는 어떤 씨를 어떻게 뿌릴 것인가이다. 대선은 진보정당으로부터 좌파당으로의 전환을 마무리하며 신자유주의 종식의 씨를 대중의 대지에 파종하는 계기이어야만 비로소 의미가 있다. 딱 잘라서 말하자면, 독자 정당을 유지하며 독자 후보를 낸다는 것만으로 성공이라 말할 수 없다. 독자적 진보정당 전통의 계승이라는 측면에서만 대선을 바라보는 것은 협소하다. 대선 국면에서 좌파당 독자 후보의 등장은 민주연립정부와 야권연대에 대한 독자성의 관점이 아니라 보다 적극적인 독자성, 즉 신자유주의의 즉각적 종식, 금융수탈 체제와 재벌 체제의 해소, 비정규불안정 노동사회의 종식을 긴급한 현안 문제로 제기하며 이에 동의하는 최초의 대중을 확보하는 계기라는 관점에서 다루어질 문제이다.

2012년 하반기가 좌파당의 탄생과 출범을 알리는 시기라면 2013년부터 지방선거가 있는 2014년 상반기까지의 시기는 성장과 확립의 시기이다. 이 시기는 좌파정치가 저항기의 정서인 죽음, 분노, 숭고의 정치로부터 삶, 행복, 극복의 정치로 나아가는 시기가 될 것이다. 이 시기를 거쳐 좌파정치는 진리를 깨친 소수의 위인이 아니라 진리를 품는 다수 대중을 정치 주체로 하여 스스로 지속적인 변화의 힘이 될 것이다.

확립기에 대중적 지지를 탄탄히 모아낼 수 있다면 지방선거에서 좌파당은 충분히 5% 이상의 지지율을 달성할 수 있다. 확립기를 제대로 거치고 도전을 꿋꿋하게 이겨낸다면, 한국 신자유주의의 최종 위기가 표면화되고 신자유주의 종식이라는 요구가 회피할 수 없는 정세로 등장하는 2014년 하반기 이후의 국면에서 좌파당은 고양기를 맞을 것이다. 좌파당은 능히 신자유주의를 종식시키는 역사적 싸움의 주역이 될 것이다. 이 싸움에서 승리한다면 좌파당은 한 시대의 종결자이자 새로운 시대의 개막자가 될 것이다.

여기 과업이 있다.
두려워하지 않으면 우리는 할 수 있다.

금민

(전) 사회당 대표, 대통령 후보
(현) 기본소득한국네트워크 운영위원장
저서 『사회적 공화주의』(2007년)

좌파당의 길
– 진보정치로부터 좌파정치로의 전환

지은이 | 금민
펴낸곳 | 박종철출판사
주소 | 서울 마포구 성산로2길 29 6층(성산동)
전화 | 02-332-7635(영업), 02-332-7629(편집), 02-332-7634(팩스)
등록번호 | 제12-406(1990. 7. 12.)

제1판 1쇄 | 2012년 7월 16일
제1판 2쇄 | 2012년 7월 23일

ISBN 978-89-85022-59-0 03340
5,000원